AF194021

Impressum
Verlag: BABADADA GmbH, Nedderfeld 112 , 22529 Hamburg
Geschäftsführer / Verlagsleitung: Harald Hof
Druck: Books on Demand GmbH, In de Tarpen 42, 22848 Norderstedt

Imprint
Publisher: BABADADA GmbH, Nedderfeld 112 , 22529 Hamburg, Germany
Managing Director / Publishing direction: Harald Hof
Print: Books on Demand GmbH, In de Tarpen 42, 22848 Norderstedt

classroom
la salle de classe

divide
diviser

186/2

board
le tableau noir

school yard
la cour (de récréation)

teacher
le professeur

paper
le papier

write
écrire

pen
le stylo

desk
le bureau

ruler
la règle

book
le livre

pupil
l'élève

satchel

le cartable

pencil case

la trousse

pencil

le crayon

pencil sharpener

le taille-crayon

rubber

la gomme

drawing pad

le carnet à dessin

drawing

le dessin

paintbrush

le pinceau

paint box

la boîte de peinture

scissors

les ciseaux

glue

la colle

exercise book

le cahier d'exercices

homework

les devoirs

number

le chiffre

add

additionner

subtract

soustraire

multiply

multiplier

calculate

calculer

letter

la lettre

alphabet

l'alphabet

word

le mot

school - l'école

text

le texte

read

lire

chalk

la craie

lesson

la leçon

register

le livre de classe

exam

l'examen

certificate

le certificat

school uniform

l'uniforme scolaire

education

la formation

encyclopedia

le lexique

university

l'université

microscope

le microscope

map

la carte

paper bin

la corbeille à papier

hotel
l'hôtel

hostel
l'auberge

bureau de change
le bureau de change

suitcase
la valise

car
la voiture

language
la langue

yes / no
oui / non

Okay
d'accord

hello
Salut

translator
l'interprète

Thank you
merci

how much does ... cost?

Combien coûte...?

I do not understand

Je ne comprends pas

problem

le problème

Good evening!

Bonsoir !

Good morning!

Bonjour !

Good night!

Bonne nuit !

bye bye

Au revoir

direction

la direction

luggage

les bagages

bag

le sac

backpack

le sac-à-dos

guest

l'hôte

room

la pièce

sleeping bag

le sac de couchage

tent

la tente

tourist information

l'office de tourisme

beach

la plage

credit card

la carte de crédit

breakfast

le petit-déjeuner

lunch

le déjeuner

dinner

le dîner

ticket

le billet

lift

l'ascenseur

stamp

le timbre

border

la frontière

customs

la douane

embassy

l'ambassade

visa

le visa

passport

le passeport

le transport

ship
le navire

aeroplane
l'avion

fire engine
le véhicule de pompiers

truck
le camion

bus
le bus

motorboat
le bateau à moteur

bike
la bicyclette

car
la voiture

ferry
le ferry

boat
la barque

motorbike
la moto

police car
la voiture de police

racing car
la voiture de course

rental car
la voiture de location

car sharing

l'auto-partage

breakdown truck

la voiture de remorquage

refuse truck

la benne à ordures

motor

le moteur

fuel

l'essence

petrol station

la station d'essence

traffic sign

le panneau indicateur

traffic

le trafic

traffic jam

l'embouteillage

car park

le parking

train station

la gare

tracks

les rails

train

le train

tram

le tramway

carriage

le wagon

helicopter

l'hélicoptère

airport

l'aéroport

tower

la tour

passenger

le passager

container

le conteneur

carton

le carton

cart

le chariot

basket

la corbeille

take off / land

décoller / atterrir

city

la ville

village

le village

city centre

le centre-ville

house

la maison

cinema
le cinéma

advert
la publicité

street light
le réverbère

street
la rue

taxi
le taxi

snack shop
le kiosque

pedestrian
le piéton

pavement
le trottoir

zebra crossing
le passage piéton

bin
la poubelle

crossing
le carrefour

traffic lights
les feux de circulation

hut

la cabane

flat

l'appartement

train station

la gare

town hall

la mairie

museum

le musée

school

l'école

university

l'université

bank

la banque

hospital

l'hôpital

hotel

l'hôtel

pharmacy

la pharmacie

office

le bureau

book shop

la librairie

shop

le magasin

florist's

le fleuriste

supermarket

le supermarché

market

le marché

department store

le grand magasin

fishmonger's

la poissonnerie

shopping centre

le centre commercial

harbour

le port

city - la ville

park

le parc

bench

la banque

bridge

le pont

stairs

les escaliers

underground

le métro

tunnel

le tunnel

bus stop

l'arrêt de bus

bar

le bar

restaurant

le restaurant

postbox

la boîte à lettres

road sign

le panneau indicateur

parking meter

le parcmètre

zoo

le zoo

swimming pool

le réverbère

mosque

la mosquée

farm

la ferme

pollution

la pollution

graveyard

la cimetière

church

l'église

playground

l'aire de jeux

temple

le temple

landscape

le paysage

leaf
la feuille

signpost
le panneau indicateur

way
le chemin

meadow
le pré

stone
la pierre

tree
l'arbre

hiker
le randonneur

river
la rivière

grass
l'herbe

flower
la fleur

valley

la vallée

hill

la montagne

lake

le lac

forest

la forêt

desert

le désert

volcano

le volcan

castle

le château

rainbow

l'arc-en-ciel

mushroom

le champignon

palm tree

le palmier

mosquito

le moustique

fly

la mouche

ant

les fourmis

bee

l'abeille

spider

l'araignée

landscape - le paysage

beetle

le coléoptère

frog

la grenouille

squirrel

l'écureuil

hedgehog

le hérisson

hare

le lièvre

owl

la chouette

bird

l'oiseau

swan

le cygne

boar

le sanglier

deer

le cerf

moose

l'élan

dam

le barrage

wind turbine

l'éolienne

solar panel

le panneau solaire

climate

le climat

landscape - le paysage

waiter
le serveur

menu
le menu

chair
la chaise

soup
la soupe

pizza
la pizza

cutlery
les couverts

tablecloth
la nappe

starter

les hors d'œuvre

main course

le plat principal

dessert

le dessert

drinks

les boissons

food

l'alimentation

bottle

la bouteille

fast food

le fast-food

street food

les plats à emporter

teapot

la théière

sugar bowl

le sucrier

portion

la portion

espresso machine

la machine à expresso

high chair

la chaise haute

bill

la facture

tray

le plateau

knife

le couteau

fork

la fourchette

spoon

la cuillère

teaspoon

la cuillère à thé

serviette

la serviette

glass

le verre

plate

l'assiette

soup plate

l'assiette à soupe

saucer

la soucoupe

sauce

la sauce

salt cellar

la salière

pepper mill

le moulin à poivre

vinegar

le vinaigre

oil

l'huile

spices

les épices

ketchup

le ketchup

mustard

la moutarde

mayonnaise

la mayonnaise

le supermarché

special offer
l'offre promotionnelle

customer
le client

dairy
les produits laitiers

fruit
les fruits

trolley
le chariot

butcher's

la boucherie

baker's

la boulangerie

weigh

peser

vegetables

les légumes

meat

la viande

frozen food

les aliments surgelés

cold meat

la charcuterie

tinned food

les conserves

washing powder

la poudre à lessive

sweets

les bonbons

household products

les articles ménagers

cleaning products

les détergents

salesperson

la vendeuse

till

la caisse

cashier

le caissier

shopping list

la liste d'achats

opening hours

les heures d'ouverture

wallet

le portefeuille

credit card

la carte de crédit

bag

le sac

plastic bag

le sac en plastique

water

l'eau

juice

le jus de fruit

milk

le lait

coke

le coca

wine

le vin

beer

la bière

alcohol

l'alcool

cocoa

le chocolat chaud

tea

le thé

coffee

le café

espresso

l'expresso

cappuccino

le cappuccino

banana
- - - - - - - - -
la banane

apple
- - - - - - - - -
la pomme

orange
- - - - - - - - -
l'orange

melon
- - - - - - - - -
le melon

lemon
- - - - - - - - -
le citron.

carrot
- - - - - - - - -
la carotte

garlic
- - - - - - - - -
l'ail

bamboo
- - - - - - - - -
le bambou

onion
- - - - - - - - -
l'oignon

mushroom
- - - - - - - - -
le champignon

nuts
- - - - - - - - -
les noisettes

noodles
- - - - - - - - -
les pâtes

spaghetti

les spaghetti

rice

le riz

salad

la salade

chips

les pommes frites

fried potatoes

les pommes de terre rôties

pizza

la pizza

hamburger

le hamburger

sandwich

le sandwich

cutlet

l'escalope

ham

le jambon

salami

le salami

sausage

la saucisse

chicken

le poulet

roast

le rôti

fish

le poisson

food - l'alimentation

porridge oats

les flocons d'avoine

muesli

le muesli

cornflakes

les cornflakes

flour

la farine

croissant

le croissant

bread roll

les petits-pains

bread

le pain

toast

le pain grillé

biscuits

les biscuits

butter

le beurre

curd

le fromage blanc

cake

le gâteau

egg

l'œuf

fried egg

l'œuf au plat

cheese

le fromage

ice cream

la glace

sugar

le sucre

honey

le miel

jam

la confiture

chocolate spread

la crème nougat

curry

le curry

food - l'alimentation

farmhouse
la ferme

barn
la grange

straw bale
la botte de paille

field
le champ

horse
le cheval

trailer
la remorque

foal
le poulain

tractor
le tracteur

donkey
l'âne

lamb
l'agneau

sheep
le mouton

goat
la chèvre

cow
la vache

calf
le veau

pig
le porc

piglet
le porcelet

bull
le taureau

goose

l'oie

duck

le canard

chick

le poussin

hen

la poule

cock

le coq

rat

le rat

cat

le chat

mouse

la souris

ox

le bœuf

dog

le chien

doghouse

le chenil

garden hose

le tuyau de jardin

watering can

l'arrosoir

scythe

la faucheuse

plough

la charrue

sickle

la faucille

hoe

la pioche

pitchfork

la fourche

axe

la hache

wheelbarrow

la brouette

trough

la cuve

milk can

le pot à lait

sack

le sac

fence

la clôture

stable

l'étable

greenhouse

le serre

soil

le sol

seed

les semences

fertilizer

l'engrais

combine harvester

la moissonneuse-batteuse

harvest

récolter

harvest

la récolte

yams

l'igname

wheat

le blé

soy

le soja

potato

la pomme de terre

corn

le maïs

rapeseed

le colza

fruit tree

l'arbre fruitier

cassava

le manioc

cereals

les céréales

chimney
la cheminée

roof
le toit

drain pipe
la gouttière

window
la fenêtre

garage
le garage

doorbell
la sonnette

door
la porte

rubbish bin
la poubelle

letterbox
la boîte aux lettres

garden
le jardin

living room

le salon

bathroom

la salle de bain

kitchen

la cuisine

bedroom

la chambre à coucher

child's room

la chambre d'enfant

dining room

la salle à manger

floor

le sol

wall

le mur

ceiling

le plafond

cellar

la cave

sauna

le sauna

balcony

le balcon

terrace

la terrasse

pool

la piscine

lawn mower

la tondeuse à gazon

sheet

la housse

bedspread

la couette

bed

le lit

broom

le balai

bucket

le sceau

switch

l'interrupteur

wallpaper
le papier peint

picture
l'image

lamp
la lampe

shelf
l'étagère

cupboard
l'armoire

fireplace
la cheminée

television
la télé

flower
la fleur

cushion
le coussin

sofa
le sofa

vase
le vase

remote control
la télécommande

carpet
le tapis

curtain
le rideau

table
la table

chair
la chaise

rocking chair
la chaise à bascule

armchair
le fauteuil

book

le livre

blanket

la couverture

decoration

la décoration

firewood

le bois de chauffage

film

le film

hi-fi equipment

la chaîne hi-fi

key

la clé

newspaper

le journal

painting

la peinture

poster

le poster

radio

la radio

notepad

le bloc-notes

hoover

l'aspirateur

cactus

le cactus

candle

la bougie

fridge
le réfrigérateur

microwave oven
le four à micro-ondes

kitchen scales
la balance de cuisine

toaster
le grille-pain

detergent
le détergent

oven
le four

freezer
le compartiment congélateur

rubbish bin
la poubelle

dishwasher
le lave-vaisselle

cooker

le four

pot

la casserole

cast-iron pot

la marmite

wok / kadai

le wok / kadai

pan

la poêle

kettle

la bouilloire electrique

steamer

le cuiseur vapeur

baking tray

la plaque de cuisson

crockery

la vaisselle

mug

le gobelet

bowl

la coupe

chopsticks

les baguettes

ladle

la louche

spatula

la spatule

whisk

le fouet

strainer

la passoire

sieve

le tamis

grater

la râpe

mortar

le mortier

barbecue

le barbecue

open fire

la cheminée

kitchen - la cuisine

chopping board

la planche à découper

rolling pin

le rouleau à pâtisserie

corkscrew

le tire-bouchon

can

la boîte

can opener

l'ouvre-boîte

pot holder

les maniques

sink

le lavabo

brush

la brosse

sponge

l'éponge

blender

le mixeur

deep freezer

le congélateur

baby bottle

le biberon

tap

le robinet

la salle de bain

shower
la douche

heating
le chauffage

towel
la serviette

shower curtain
le rideau de douche

bubble bath
le bain moussant

bathtub
la baignoire

glass
le verre

washing machine
la machine à laver

tap
le robinet

tiles
le carrelage

potty
le pot

sink
le lavabo

toilet
....
les toilettes

squat toilet
....
la toilette à la turque

bidet
....
le bidet

urinal
....
l'urinoir

toilet paper
....
le papier toilette

toilet brush
....
la brosse à toilette

toothbrush

la brosse à dents

toothpaste

le dentifrice

dental floss

le fil dentaire

wash

laver

handheld shower

la douche manuelle

douche

la douche intime

basin

la vasque

back brush

la brosse dorsale

soap

le savon

shower gel

le gel douche

shampoo

le shampooing

flannel

le gant de toilette

drain

l'écoulement

cream

la crème

deodorant

le déodorant

mirror

le miroir

hand mirror

le miroir cosmétique

razor

le rasoir

shaving foam

la mousse à raser

aftershave

l'après-rasage

comb

la peigne

brush

la brosse

hair dryer

le sèche-cheveux

hairspray

la laque pour cheveux

makeup

le fond de teint

lipstick

le rouge à lèvres

nail varnish

le vernis à ongles

cotton wool

l'ouate

nail scissors

le coupe-ongles

perfume

le parfum

bathroom - la salle de bain

washbag

la trousse de toilette

stool

le tabouret

weighing scale

le pèse-personne

bathrobe

le peignoir

rubber gloves

les gants de nettoyage

tampon

le tampon

sanitary towel

les serviettes hygiéniques

chemical toilet

la toilette chimique

child's room
la chambre d'enfant

alarm clock
le réveil

cuddly toy
le doudou

toy car
la voiture jouet

rattle
le hochet

doll's house
la maison de poupée

present
le cadeau

balloon

le ballon

bed

le lit

pram

la poussette

deck of cards

le jeu de cartes

jigsaw

le puzzle

comic

la bande dessinée

lego bricks

les pièces lego

building blocks

les blocs de construction

action figure

la figurine

romper suit

la grenouillère

Frisbee

le frisbee

mobile

le mobile

board game

le jeu de société

dice

le dé

model train set

le train miniature

dummy

la sucette

party

la fête

picture book

le livre d'images

ball

la balle

doll

la poupée

play

jouer

sandpit

le bac à sable

swing

la balançoire

toys

les jouets

video game console

la console de jeu

tricycle

le tricycle

teddy bear

l'ours en peluche

wardrobe

l'armoire

clothing

les vêtements

socks

les chaussettes

stockings

les bas

tights

le collant

scarf
l'écharpe

belt
la ceinture

umbrella
le parapluie

t-shirt
le t-shirt

trainers
les baskets

boots
les bottes

slippers
les pantoufles

sandals

les sandales

shoes

les chaussures

rubber boots

les bottes de caoutchouc

underpants

les sous-vêtements

bra

le soutien-gorge

vest

le maillot de corps

clothing - les vêtements

45

body

le body

trousers

le pantalon

jeans

le jean

skirt

la jupe

blouse

le chemisier

shirt

la chemise

pullover

le pull

hoodie

le sweat à capuche

blazer

la veste

jacket

la veste

coat

le manteau

raincoat

l'imperméable

costume

le costume

dress

la robe

wedding dress

la robe de mariée

suit

le costume

nightgown

la chemise de nuit

pyjamas

le pyjama

sari

le sari

headscarf

le foulard

turban

le turban

burqa

la burqa

kaftan

le caftan

abaya

l'abaya

swimsuit

le maillot de bain

trunks

le maillot de bain

shorts

le short

tracksuit

la tenue d'entraînement

apron

le tablier

gloves

les gants

button

le bouton

glasses

les lunettes

bracelet

le bracelet

necklace

le collier

ring

la bague

earring

la boucle d'oreille

cap

le bonnet

coat hanger

le cintre

hat

le chapeau

tie

la cravate

zipper

la fermeture éclair

helmet

le casque

braces

les bretelles

school uniform

l'uniforme scolaire

uniform

l'uniforme

bib

le bavoir

dummy

la sucette

nappy

la lange

server
le serveur

filing cabinet
l'armoire d'archivage

printer
l'imprimante

monitor
l'écran

paper
le papier

desk
le bureau

mouse
la souris

folder
le classeur

keyboard
le clavier

chair
la chaise

paper bin
la corbeille à papier

computer
l'ordinateur

coffee mug

la tasse de café

calculator

la calculatrice

internet

l'internet

laptop

l'ordinateur portable

letter

la lettre

message

le message

mobile

le portable

network

le réseau

photocopier

la photocopieuse

software

le logiciel

telephone

le téléphone

plug socket

la prise

fax machine

le fax

form

le formulaire

document

le document

buy

acheter

pay

payer

trade

faire du commerce

money

la monnaie

dollar

le dollar

euro

l'euro

yen

le yen

rouble

le rouble

Swiss franc

le franc suisse

renminbi yuan

le renminbi yuan

rupee

la roupie

cashpoint

le distributeur automatique

bureau de change

le bureau de change

gold

l'or

silver

l'argent

oil

le pétrole

energy

l'énergie

price

le prix

contract

le contrat

tax

la taxe

stock

l'action

work

travailler

employee

l'employé

employer

l'employeur

factory

l'usine

shop

le magasin

economy - l'économie

police officer
l'agent de police

fireman
le pompier

cook
le cuisinier

doctor
le médecin

pilot
le pilote

gardener

le jardinier

carpenter

le menuisier

seamstress

la couturière

judge

le juge

chemist

le chimiste

actor

l'acteur

bus driver

le conducteur de bus

taxi driver

le chauffeur de taxi

cleaning lady

la femme de ménage

roofer

le couvreur

hunter

le chasseur

painter

le peintre

waiter

le serveur

fisherman

le pêcheur

baker

le boulanger

electrician

l'électricien

builder

l'ouvrier

engineer

l'ingénieur

butcher

le boucher

plumber

le plombier

postman

le facteur

soldier

le soldat

architect

l'architecte

cashier

le caissier

florist

le fleuriste

hairdresser

le coiffeur

conductor

le contrôleur

mechanic

le mécanicien

captain

le capitaine

dentist

le dentiste

scientist

le scientifique

rabbi

le rabbin

imam

l'imam

monk

le moine

clergyman

le prêtre

hammer
le marteau

pliers
les pinces

screwdriver
le tournevis

spanner
la clé

torch
la torche

digger

la pelleteuse

toolbox

la boîte à outils

ladder

l'échelle

saw

la scie

nails

les clous

drill

là perceuse

repair

réparer

shovel

la pelle

Damn!

Mince !

dustpan

la pelle

paint pot

le pot de peinture

screws

les vis

musical instruments

les instruments de musique

drum kit
la batterie

loudspeaker
le haut-parleurs

guitar
la guitare

double bass
la contrebasse

trumpet
la trompette

piano

le piano

violin

le violon

bass

la basse

timpani

les timbales

drums

le tambour

keyboard

le piano électrique

saxophone

le saxophone

flute

la flûte

microphone

le microphone

tiger
le tigre

entrance
l'entrée

cage
la cage

zebra
le zèbre

animal feed
l'alimentation animale

panda
le panda

animals

les animaux

elephant

l'éléphant

kangaroo

le kangourou

rhino

le rhinocéros

gorilla

le gorille

bear

l'ours

camel

le chameau

ostrich

l'autruche

lion

le lion

monkey

le singe

flamingo

le flamand rose

parrot

le perroquet

polar bear

l'ours polaire

penguin

le pingouin

shark

le requin

peacock

le paon

snake

le serpent

crocodile

le crocodile

zookeeper

le gardien de zoo

seal

le phoque

jaguar

le jaguar

pony

le poney

leopard

le léopard

hippo

l'hippopotame

giraffe

la girafe

eagle

l'aigle

boar

le sanglier

fish

le poisson

turtle

la tortue

walrus

le morse

fox

le renard

gazelle

la gazelle

les sports

American football
l'american Football

cycling
le cyclisme

tennis
le tennis

basketball
le basket-ball

swimming
la natation

ice hockey
le hockey sur glace

boxing
la boxe

football
....
le football

badminton
....
le badminton

athletics
....
l'athlétisme

handball
....
le handball

skiing
....
le ski

polo
....
le polo

jump
sauter

laugh
rire

hug
embrasser

walk
marcher

sing
chanter

dream
rêver

pray
prier

kiss
faire la bise

write
écrire

draw
dessiner

show
montrer

push
pousser

give
donner

take
prendre

have
avoir

do
faire

be
être

stand
être debout

run
courir

pull
trier

throw
jeter

fall
tomber

lie
être couché

wait
attendre

carry
porter

sit
être assis

get dressed
s'habiller

sleep
dormir

wake up
se réveiller

look at

regarder

cry

pleurer

stroke

caresser

comb

peigner

talk

parler

understand

comprendre

ask

demander

listen

écouter

drink

boire

eat

manger

tidy up

ranger

love

aimer

cook

cuire

drive

conduire

fly

voler

activities - les activités

sail

faire de la voile

calculate

calculer

read

lire

learn

apprendre

work

travailler

marry

se marier

sew

coudre

brush teeth

brosser les dents

kill

tuer

smoke

fumer

send

envoyer

grandmother
grand-mère

grandfather
le grand-père

father
le père

mother
la mère

baby
le bébé

daughter
la fille

son
le fils

guest

l'hôte

aunt

la tante

uncle

l'oncle

brother

le frère

sister

la sœur

forehead
le front

eye
l'œil

shoulder
l'épaule

finger
le doigt

face
le visage

chin
le menton

hand
la main

breast
la poitrine

leg
la jambe

arm
le bras

baby
le bébé

man
l'homme

woman
la femme

girl
la fille

boy
le garçon

head
la tête

back

le dos

belly

le ventre

belly button

le nombril

toe

l'orteil

heel

le talon

bone

l'os

hip

la hanche

knee

le genou

elbow

le coude

nose

le nez

bottom

les fesses

skin

la peau

cheek

la joue

ear

l'oreille

lip

la lèvre

body - le corps

mouth

la bouche

tooth

la dent

tongue

la langue

brain

le cerveau

heart

le cœur

muscle

le muscle

lung

les poumons

liver

le foie

stomach

l'estomac

kidneys

les reins

sex

le rapport sexuel

condom

le préservatif

ovum

l'ovule

semen

le sperme

pregnancy

la grossesse

menstruation

la menstruation

vagina

le vagin

penis

le pénis

eyebrow

le sourcil

hair

les cheveux

neck

le cou

hospital
l'hôpital

ambulance
l'ambulance

wheelchair
le fauteuil roulant

fracture
la fracture

doctor

le médecin

emergency room

le service des urgences

nurse

l'infirmière

emergency

l'urgence

unconscious

inconscient

pain

la douleur

injury

la blessure

bleeding

l'hémorragie

heart attack

la crise cardiaque

stroke

l'attaque cérébrale

allergy

l'allergie

cough

la toux

fever

la fièvre

flu

la grippe

diarrhoea

la diarrhée

headache

le mal de tête

cancer

le cancer

diabetes

le diabète

surgeon

le chirurgien

scalpel

le scalpel

operation

l'opération

CT

le CT

x-ray

la radiographie

ultrasound

l'échographie

face mask

le masque

disease

la maladie

waiting room

la salle d'attente

crutch

la béquille

plaster

le pansement

bandage

le pansement

injection

l'injection

stethoscope

le stéthoscope

stretcher

le brancard

clinical thermometer

le thermomètre

birth

l'accouchement

overweight

la surcharge pondérale

hearing aid

l'appareil auditif

disinfectant

le désinfectant

infection

l'infection

virus

le virus

HIV / AIDS

le VIH / le sida

medicine

le médicament

vaccination

la vaccination

tablets

les comprimés

pill

la pilule

emergency call

l'appel d'urgence

blood pressure monitor

le tensiomètre

sick / healthy

malade / sain

Help!

Au secours !

alarm

l'alarme

assault

l'assaut

attack

l'attaque

danger

le danger

emergency exit

la sortie de secours

Fire!

Au feu!

fire extinguisher

l'extincteur

accident

l'accident

first-aid kit

la trousse de premier secours

SOS

SOS

police

la police

Europe

l'Europe

North America

l'Amérique du Nord

South America

l'Amérique du Sud

Africa

l'Afrique

Asia

l'Asie

Australia

l'Australie

Atlantic

l'Océan atlantique

Pacific

l'Océan pacifique

Indian Ocean

l'Océan indien

Antarctic Ocean

l'Océan antarctique

Arctic Ocean

l'Océan arctique

North Pole

le Pôle nord

South Pole

le Pôle sud

Antarctica

l'Antarctique

Earth

la terre

land

le pays

sea

la mer

island

l'île

nation

la nation

state

l'état

clock face

le cadran

hour hand

l'aiguille des heures

minute hand

l'aiguille des minutes

second hand

l'aiguille des secondes

What time is it?

Quelle heure est-il ?

day

le jour

time

le temps

now

maintenant

digital watch

la montre digitale

minute

la minute

hour

l'heure

Monday — lundi
Wednesday — mercredi
Friday — vendredi
Tuesday — mardi
Thursday — jeudi
Saturday — samedi
Sunday — dimanche

yesterday

hier

today

aujourd'hui

tomorrow

demain

morning

le matin

noon

le midi

evening

le soir

business days

les jours ouvrables

weekend

le week-end

rain
la pluie

rainbow
l'arc-en-ciel

snow
la neige

wind
le vent

spring
le printemps

summer
l'été

autumn
l'automne

winter
l'hiver

4.APRIL	11°	☀
5.APRIL	4°	☁
6.APRIL	13°	☁
7.APRIL	8°	☀
8.APRIL	10°	☀

weather forecast

la météo

thermometer

le thermomètre

sunshine

la lumière du soleil

cloud

le nuage

fog

le brouillard

humidity

l'humidité

lightning

la foudre

thunder

la tonnerre

storm

la tempête

hail

la grêle

monsoon

la mousson

flood

l'inondation

ice

la glace

January

janvier

February

février

March

mars

April

avril

May

mai

June

juin

July

juillet

August

août

September
septembre

October
octobre

November
novembre

December
décembre

shapes
les formes

circle
le cercle

square
le carré

rectangle
le rectangle

triangle
le triangle

sphere
la sphère

cube
le cube

colours

les couleurs

white

blanc

yellow

jaune

orange

orange

pink

rose

red

rouge

purple

violet

blue

bleu

green

vert

brown

marron

grey

gris

black

noir

a lot / a little

beaucoup / peu

angry / calm

fâché / calme

beautiful / ugly

joli / laid

beginning / end

le début / la fin

big / small

grand / petit

bright / dark

clair / obscure

brother / sister

frère / soeur

clean / dirty

propre / sale

complete / incomplete

complet / incomplet

day / night

le jour / la nuit

dead / alive

mort / vivant

wide / narrow

large / étroit

edible / inedible

comestible / incomestible

evil / nice

méchant / gentil

excited / bored

excité / ennuyé

fat / thin

gros / mince

first / last

le premier / le dernier

friend / enemy

l'ami / l'ennemi

full / empty

plein / vide

hard / soft

dur / souple

heavy / light

lourd / léger

hunger / thirst

faim / soif

sick / healthy

malade / sain

illegal / legal

illégal / légal

intelligent / stupid

intelligent / stupide

left / right

gauche / droite

near / far

proche / loin

new / used
nouveau / usé

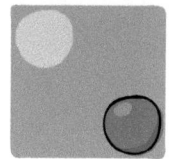

nothing / something
rien / quelque chose

old / young
vieux / jeune

on / off
marche / arrêt

open / closed
ouvert / fermé

quiet / loud
faible / fort

rich / poor
riche / pauvre

right / wrong
correct / incorrect

rough / smooth
rugueux / lisse

sad / happy
triste / heureux

short / long
court / long

slow / fast
lent / rapide

wet / dry
mouillé / sec

warm / cool
chaud / froid

war / peace
la guerre / la paix

numbers
les nombres

0

zero

zéro

1

one

un / une

2

two

deux

3

three

trois

4

four

quatre

5

five

cinq

6

six

six

7

seven

sept

8

eight

huit

9

nine

neuf

10

ten

dix

11

eleven

onze

12
twelve

douze

13
thirteen

treize

14
fourteen

quatorze

15
fifteen

quinze

16
sixteen

seize

17
seventeen

dix-sept

18
eighteen

dix-huit

19
nineteen

dix-neuf

20
twenty

vingt

100
hundred

cent

1.000
thousand

mille

1.000.000
million

le million

languages
les langues

English
l'anglais

American English
l'anglais américain

Mandarin Chinese
le chinois mandarin

Hindi
le hindi

Spanish
l'espagnol

French
le français

Arabic
l'arabe

Russian
le russe

Portuguese
le portugais

Bengali
le bengali

German
l'allemand

Japanese
le japonais

I

je

you

tu

he / she / it

il / elle / ce, c', cela

we

nous

you

vous

they

ils / elles

who?

Qui ?

what?

Quoi ?

how?

Comment ?

where?

Où ?

when?

Quand ?

name

le nom

behind

derrière

in

dans

in front of

devant

over

au-dessus

on

sur

under

en-dessous

beside

à côté de

between

entre

place

le lieu